# L'arc-en-ciel

**Direction éditoriale :** Béatrice Rego
**Marketing :** Thierry Lucas
**Édition :** Élise de La Bourdonnaye
**Couverture et conception maquette :** Dagmar Stahringer
**Mise en page :** AMG
**Illustrations :** Thierry Alba

# DÉCOUVRIR

## 1. Observe les illustrations.

Coche la bonne réponse. D'après toi, l'histoire se passe...
a. au début de l'année scolaire ?
b. à la fin de l'année scolaire ?

## 2. Où se trouve l'Alsace ?

Cherche sur une carte de France et coche.
a. Au nord.
b. Au sud.
c. À l'est.
d. À l'ouest.

## 3. Quelle est la capitale de l'Alsace ?

.............................................................................

## 4. Place les mots suivants sur le dessin :

un acteur, le rideau, une actrice, la scène, le décor.

# DÉCOUVRIR

**5. Lis les phrases et dis s'il fait beau ou s'il ne fait pas beau.**

a. Il pleut : ......................................................................

b. Il neige : ......................................................................

c. Le soleil brille : ..........................................................

d. Il y a une tempête : ....................................................

e. Le ciel est bleu : .........................................................

**6. Un arc-en-ciel, c'est un arc multicolore qui apparaît dans le ciel.**

Quelles sont les sept couleurs de l'arc-en-ciel ? Coche.

a. rouge ☐                    f. marron ☐

b. noir ☐                      g. bleu ☐

c. indigo ☐                    h. blanc ☐

d. jaune ☐                     i. violet ☐

e. vert ☐                      j. orange ☐

# PERSONNAGES

**Estelle, Amélie, Manu, Alex, Adrien, Matthieu et Félix :**
ils sont en sixième. Ils vont faire une excursion avec le professeur de français et montent une pièce de théâtre pour gagner de l'argent.

**Monsieur le principal :**
c'est le responsable du collège Victor Hugo.

**Monsieur Dellarte :**
c'est le professeur de français.

Bonjour. Tu as ton emploi du temps ?

# 1 Une bonne nouvelle

C'est la rentrée. Il fait beau, le soleil brille.

– Bonjour, monsieur le principal.

– Bonjour. Tu as ton emploi du temps ?

– Oui, monsieur.

Le collège Victor Hugo est en Alsace. Il est neuf et très beau. Les murs sont peints en bleu et en blanc.

Dans la classe de monsieur Dellarte, professeur de français, les élèves sont calmes.

\*\*\*

Monsieur Dellarte fait l'appel et il dit :

– Bon, avant de commencer, j'ai une bonne nouvelle à vous annoncer. À la fin du trimestre, nous allons faire une excursion.

– C'est vrai ? dit Amélie. Super !

Monsieur Dellarte sourit.

Tous les élèves ont l'air contents. Comme c'est un petit collège, à la campagne, dans cette classe de

---

le principal : *directeur d'un collège.*
un emploi du temps : *sur l'emploi du temps, sont indiqués les jours et les heures des différents cours.*
Alsace : *région de l'Est de la France. Sa capitale est Strasbourg.*
faire l'appel : *action d'appeler à haute voix les élèves pour savoir s'ils sont présents.*
avoir l'air : *paraître.*

sixième, il y a seulement douze élèves, un nombre idéal, car il permet de faire toutes sortes d'activités.

– C'est où, l'excursion ? demande Adrien.

– On part quand ? demande Alexandre.

« Ah, là, là ! Les élèves ! pense monsieur Dellarte. On parle excursion et ils sont enthousiastes ! Ce n'est pas la même chose avec la grammaire... »

– Silence ! dit-il.

Les élèves **cessent de parler.**

– C'est à Strasbourg, au marché de Noël. Comme vous savez, il est très grand et il y a tous les objets décoratifs et typiques de Noël : **bougies, sapins,** Pères Noël, **crèches**, etc. Un repas est aussi prévu dans un restaurant.

– Génial !

– Attendez, il y a un problème : **il faut** de l'argent ! Mais j'ai une solution : montons un spectacle. Ainsi, on gagne l'argent du voyage avec la vente des billets.

– Super !

– Génial ! dit un élève.

**ils cessent de parler** : *ils restent silencieux.*
**une bougie** : *C'est mon anniversaire. Il y a douze bougies sur mon gâteau.*
**un sapin** : *conifère. Arbre qu'on décore à Noël dans les maisons.*
**une crèche** : *à Noël, dans certaines maisons de tradition catholique, on installe une crèche ; elle représente la naissance de Jésus. Il y a Marie, Joseph et des animaux.*
**il faut** : *il est nécessaire de.*

Tout le monde rit.

– Vous avez des idées pour le spectacle ? demande le professeur.

– On fait un récital ! dit Amélie. J'aime bien chanter.

– Attention la pluie ! dit Alexandre.

Tout le monde rit.

– On organise une soirée poésie ?

– Pourquoi pas ?

– Moi, je préfère une pièce de théâtre.

– C'est aussi une bonne idée, dit monsieur Dellarte. Mais, attention ! En deux mois, il faut tout préparer. Et c'est un gros travail !

– On peut représenter un conte, dit Estelle. C'est court, pas comme une pièce de théâtre.

– Un conte de fées ? dit Alex, ironique. Tu veux sans doute être la princesse... Impossible ! Tu n'es pas assez belle...

la pluie : *eau qui tombe des nuages, sur la terre. Quand la pluie tombe, on dit qu'il pleut.*
une fée : *femme imaginaire qui a des pouvoirs magiques.*

slap
gifler

Estelle veut gifler Alex. Alex évite la main d'Estelle, mais sa chaise glisse et il tombe. Rire général. Monsieur Dellarte demande à nouveau le silence.

– Vous êtes tous d'accord pour un spectacle ? dit le professeur. Bon. Je pense qu'Estelle a raison. Un conte, c'est très bien. Il faut donc chercher un sujet. Réfléchissez à tout cela pour demain.

\*\*\*

Le lendemain, les élèves parlent avec le professeur du sujet de la pièce.

– Moi, dit Alexandre, je veux du suspense. On peut, par exemple, parler de fantômes...

– Ah, non ! crie Amélie. Pas d'histoires qui font peur, c'est toujours la même chose.

– Alors, propose autre chose, dit Alex.

– Je ne sais pas...

Manu dit :

– Ma mère lit de temps en temps un conte sur le vent à ma petite sœur. Je ne sais pas si...

– Ah ! Voilà une idée superbe, dit monsieur Dellarte. Les éléments de la nature... avec ce sujet,

gifler : *donner un coup avec la main sur le visage de quelqu'un, quand on est furieux. J'insulte mon frère. Il me gifle.*
glisser : *se déplacer sur une surface lisse. Avec des skis, on glisse sur la neige.*
le lendemain : *le jour suivant.*

Pendant deux semaines, les jeunes élaborent le conte.

on peut faire une jolie histoire.

– Oui, dit Amélie. On peut parler du soleil.

– Et de la pluie, ajoute Manu.

– Super ! dit Alex. Le soleil et la pluie sont des dieux...

– Un dieu et une déesse, dit Estelle.

– Bon, d'accord... qui protègent le royaume de... Là, vit une princesse, continue Alex. Tu es contente, Estelle, voilà ta princesse.

– Oui, merci.

Pendant deux semaines, les jeunes élaborent le conte et Alex écrit. Après quelques corrections, le conte est enfin prêt. Maintenant, il faut monter le spectacle !

---

un dieu/une déesse : *divinité. Dans la mythologie grecque, Zeus est le dieu de la lumière céleste et Aphrodite, la déesse de l'amour.*

un royaume : *pays, état gouverné par un roi ou une reine.*

# ✎ COMPRENDRE

## 1. Vrai ou faux ?

|   | V | F |
|---|---|---|
| a. C'est la rentrée. | ✓ | |
| b. Il fait beau. | | |
| c. Le collège Victor Hugo est en Provence. | | |
| d. Ce collège est vieux. (old) | | |
| e. Monsieur Dellarte est professeur de mathématiques | | |

## 2. Coche la bonne réponse.

a. Monsieur Dellarte annonce…
une mauvaise nouvelle.
une bonne nouvelle.

b. Les élèves vont…
faire une excursion.
assister à un concert.

c. Ils vont aller à…
Strasbourg.
Paris.

d. Ils vont visiter…
une entreprise.
le marché de Noël.

## 3. Souligne les objets qui sont sur un marché de Noël.

pull – bougie – croissant – sapin – assiette – Père Noël – bicyclette

## 4. Entoure la bonne réponse.

a. Pour trouver de l'argent, les élèves vont vendre des objets – monter un spectacle.

b. Amélie veut faire un récital – ballet.

c. Alexandre est d'accord – n'est pas d'accord.

d. Finalement, les élèves vont faire une pièce de théâtre – soirée poésie.

## 5. Corrige les quatre erreurs de ce résumé.

La semaine suivante, les élèves parlent avec le professeur du sujet de la pièce. Ils vont écrire une histoire sur un château hanté. Il y aura un vampire et un fantôme.

## 6. Coche la bonne réponse.

Qui écrit le texte ?

a. Matthieu

b. Estelle

c. Amélie

d. Alex

e. Félix

D'autres élèves sont responsables des costumes.

# CHAPITRE ② Problèmes

Monsieur Dellarte est très content. Il trouve que les élèves s'organisent bien et qu'ils sont très responsables.

En effet, chaque élève collabore à sa manière et en fonction de ses goûts et de ses aptitudes à la préparation du spectacle.

Certains élèves préfèrent s'occuper du décor parce qu'ils aiment dessiner. D'autres élèves sont responsables des costumes. Et c'est un gros travail ! Un autre élève s'occupe de la sono.

Dans la pièce, il y a cinq acteurs : deux filles et trois garçons. Les filles sont Estelle et Amélie et les garçons, Manu, Adrien et Matthieu. Il y a aussi un narrateur, Félix.

Alex est metteur en scène et directeur des répétitions.

Les acteurs répètent tous les jours. Monter une pièce est un travail difficile ! Il faut bien se préparer.

---

un costume : *vêtement adapté au personnage interprété. Pour le carnaval, mon frère met un costume de clown.*
la sono (fam.) : *diminutif de sonorisation ; installation qui permet de bien entendre les sons dans une salle de spectacle.*
un metteur en scène : *personne qui dirige la représentation d'une pièce de théâtre. Il dirige aussi les acteurs au cinéma.*
une répétition : *au théâtre, avant de représenter le spectacle, les acteurs font des répétitions pour bien apprendre le texte.*

Tout se passe bien. Mais un jour...

C'est l'après-midi. Les élèves sont dans la grande salle pour une répétition. Il pleut dehors. Aujourd'hui, Alexandre n'est pas là. C'est bizarre, c'est toujours le premier arrivé. Il est sans doute malade. Les élèves commencent la répétition.

– Tout à coup, le principal entre dans la salle. C'est étrange ! Il veut sans doute voir la répétition.

Il salue tout le monde puis il dit :

– J'ai une mauvaise nouvelle : Alexandre est à l'hôpital. Il vient tous les jours au collège à vélo et, ce matin, une voiture l'a renversé. C'est très grave.

– Oh, non ! Le pauvre ! dit Amélie et elle commence à pleurer.

– Les médecins sont inquiets. Alexandre ne peut pas marcher. Il est peut-être paralysé à vie.

– Mais c'est horrible ! s'exclame Estelle.

– Ce n'est pas possible ! dit Matthieu, d'une voix très triste. Comment se sent-il ?

– Ses parents disent qu'il est calme et courageux. Il espère se rétablir vite.

– C'est trop moche ! dit Adrien

---

bizarre : *étrange.*
tout à coup : *brusquement.*
elle l'a renversé : *elle l'a fait tomber.*
inquiet : *préoccupé.*
C'est trop moche (fam.) : *c'est très triste.*

Mais il faut être positif et garder espoir.

   – C'est vrai, dit le principal. Mais il faut être positif et garder espoir, comme Alexandre.

   Tous restent silencieux. Puis, Amélie, qui continue à pleurer, dit :

   – On ne peut pas faire le spectacle.

   – Pourquoi ? dit le principal.

   – Mais, c'est impossible. Alexandre est le metteur en scène. Sans lui, ce n'est pas la même chose.

   – Il ne faut pas abandonner. Je sais, par monsieur Dellarte, que vous êtes prêts, que tout va bien. Alors, il faut absolument faire le spectacle, pour Alexandre.

   Monsieur Dellarte est d'accord avec le principal.

   – Oui, il faut continuer. Pour Alexandre !

l'espoir : espérance.

Tous les élèves sont tristes, mais ils pensent qu'en effet, il faut faire un beau spectacle, pour leur camarade.

\*\*\*

C'est le jour du spectacle. Les parents arrivent dans la grande salle. Il y a aussi des voisins, des amis. Ils s'installent sur les chaises et bavardent.

La maman d'Amélie parle avec la maman d'Estelle.

– Les enfants sont stressés, aujourd'hui, dit-elle.

– C'est normal ! répond la mère d'Estelle. Avez-vous des nouvelles d'Alexandre ?

– Oui. Amélie l'appelle souvent. Il est enfin chez lui mais dans un fauteuil roulant. Les médecins disent qu'il faut attendre.

La mère de Manu arrive. Elle salue les deux mamans et se met aussi à parler.

– Les enfants n'ont vraiment pas de chance, dit-elle.

– Pourquoi ? demandent les deux autres mamans.

– Eh bien, à cause de l'accident d'Alexandre mais aussi à cause de l'absence d'Adrien. Il est au lit, avec une bonne grippe.

---

bavarder : *parler les uns avec les autres.*
souvent : *Je vais souvent à la piscine. Trois ou quatre fois par semaine.*
un fauteuil roulant : *chaise spéciale qui permet aux personnes handicapées de se déplacer.*
ils n'ont pas de chance : *ils ne sont pas favorisés par le sort.*

Sur la scène, derrière le rideau, on entend des bruits et on voit des ombres.

– Quel problème ! Que vont faire les acteurs ? Il a le rôle du roi, dans la pièce, je crois, dit la maman d'Estelle.

– C'est possible ! Je ne sais pas. Manu ne parle pas beaucoup de la pièce à la maison.

– Ils ont une solution, c'est sûr ! dit la maman d'Amélie.

Sur la scène, derrière le rideau, on entend des bruits et on voit des ombres.

Tout à coup, la lumière baisse. Les spectateurs cessent de parler. Le spectacle commence ! Monsieur Dellarte monte sur la scène, devant le rideau.

– Chers parents, chers amis, nous sommes heureux de vous voir ici ce soir pour le spectacle. Grâce à vous, l'excursion au marché de Noël de Strasbourg peut se réaliser. Un grand merci à tous !

Le rideau s'ouvre.

un rôle : *personnage joué par un acteur, une actrice.*
une scène : *partie du théâtre où les acteurs représentent la pièce.*
un rideau : *dans un théâtre, grand tissu qui sépare la scène de la salle.*

## 1. Vrai ou Faux ?

|  | V | F |
|---|---|---|
| a. Monsieur Dellarte pensent que les élèves sont responsables. | ☐ | ☐ |
| b. Ce sont les élèves qui font le décor. | ☐ | ☐ |
| c. Les parents font les costumes. | ☐ | ☐ |
| d. Dans la pièce, il y a sept acteurs. | ☐ | ☐ |
| e. Adrien est metteur en scène. | ☐ | ☐ |

## 2. Corrige les quatre erreurs de ce résumé.

Monsieur Dellarte vient voir la répétition. Il dit qu'Alexandre est chez lui. Les médecins sont contents. Alexandre peut marcher.

## 3. Cite trois phrases de la page 16 qui montrent la réaction des camarades d'Alex quand ils apprennent l'accident.

.................................................................

.................................................................

.................................................................

## 4. Entoure la bonne réponse.

a. Amélie dit qu'il ne faut pas – faut faire le spectacle.

b. Les élèves ne sont pas – sont prêts.

c. Le principal est – n'est pas d'accord avec Amélie.

d. Finalement, les élèves vont – ne vont pas faire le spectacle.

## Acte 1, scène 1

### LE NARRATEUR, LE PRINCE, LA PRINCESSE

LE NARRATEUR – *Il était une fois*, dans un pays *lointain*...

LE PRINCE – Bonjour, ma sœur. Comment allez-vous ? Je vous vois heureuse et je suis content de vous voir ainsi.

LA PRINCESSE – Oh, mon frère, nous avons tout pour être heureux, non ? Le dieu Soleil est si bon avec nous. Depuis deux mois, chaque jour, il envoie sur la terre ses doux rayons qui nous *réchauffent le cœur*.

LE PRINCE – Vous avez raison, ma sœur. Actuellement, c'est un vrai *bonheur* de se promener dans la campagne à cheval.

---

**il était une fois** : *phrase traditionnelle qui commence les contes.*
**lointain** : *qui est à une grande distance dans l'espace.*
**réchauffer le cœur** : *ici, donner de la joie.*
**le bonheur** : *état d'une personne qui est heureuse, très satisfaite de sa vie ; contraire de malheur.*

Tout est beau ! Les cultures sont magnifiques. Le roi, notre père, est aussi très heureux. Il dit que l'année est excellente.

LA PRINCESSE – Et c'est grâce au dieu Soleil. Nous pouvons lui dire merci. Ce n'est pas comme la déesse Pluie. Avec elle, tout est gris, triste et mélancolique. Quelle horreur !

### Acte 1, scène 2

LE PRINCE, LA PRINCESSE, LA DÉESSE PLUIE
*C'est alors qu'une belle femme apparaît. Elle est en colère.*

LA PRINCESSE – Oh, c'est vous, chère déesse Pluie.

LA DÉESSE PLUIE – En effet, c'est moi, princesse. Ainsi, pour vous, je représente la tristesse et la mélancolie.

LA PRINCESSE – Oui, un peu, chère déesse. Quand vous apparaissez, le ciel est noir, il fait sombre et nous avons le cœur triste. C'est ainsi, mon frère ?

LE PRINCE – C'est vrai, ma sœur. Moi, par exemple, je ne peux pas sortir mes chevaux et je m'ennuie.

sombre : *obscur.*
s'ennuyer : *contraire de s'amuser, se distraire.*

Je suis fatiguée d'entendre
e telles stupidités.

LA DÉESSE PLUIE – Je suis fatiguée d'entendre de telles stupidités. Pour vous donc, mes princes, j'apporte la tristesse, l'obscurité et, par conséquent, le malheur. Le bonheur, c'est le dieu Soleil qui le donne, non ? Regardez ces champs si verts. Vous ne voyez pas que, s'ils sont ainsi, c'est parce que dans la terre, il y a l'eau nécessaire pour la vie des plantes. Et cette eau, c'est moi qui la donne ! Parfait ! je vais vous faire connaître la vraie tristesse et le malheur causés par la pluie. Demain, j'apporte une pluie comme vous la décrivez : triste, abondante, forte et destructrice...

*Et la déesse Pluie part. Le prince et la princesse restent seuls, désolés.*

LE PRINCE – Ma sœur, il faut aller immédiatement voir notre père, le roi, et lui parler des projets de la déesse Pluie.

Ma sœur, il faut aller immédiatement voir notre père, le roi.

# COMPRENDRE

## Acte 1, scène 1

**1. Par quelle phrase commencent les contes ?**

............................................................................

**2. Vrai ou Faux ?**

|   |   | V | F |
|---|---|---|---|
| a. | Il fait beau depuis deux mois. | | |
| b. | La princesse n'est pas heureuse. | | |
| c. | Le prince est content parce qu'il peut se promener à cheval. | | |
| d. | Les cultures ne sont pas belles. | | |
| e. | La princesse adore la pluie. | | |

## Acte 1, scène 2

**3. Coche la bonne réponse.**

a. Un nouveau personnage apparaît. C'est...

le roi. ☐

la déesse Pluie. ☐

b. Ce personnage est...

en colère. ☐

content. ☐

c. Pour le prince et la princesse, la pluie représente la...

joie. ☐

tristesse. ☐

d. La déesse Pluie va apporter une pluie...

forte et destructrice.

douce et bonne.

e. Quand la déesse Pluie sort, le prince et la princesse vont voir le...

dieu Soleil.

roi.

## 4. Entoure les adjectifs qui correspondent à la pluie que va apporter la déesse.

petite – bénéfique – mauvaise – forte
– destructrice – bonne – abondante

## 5. Relie les mots suivants à l'idée de bonheur ou de malheur.

a. triste     ●

b. joie     ●

c. heureux     ●     ● bonheur

d. mélancolie   ●

e. rire     ●     ● malheur

f. peine     ●

g. pleurer     ●

Le roi est assis sur son trône.

# Le spectacle (suite)

## Acte 2, scène 1

### LE PRINCE, LA PRINCESSE, LE ROI

*Le roi est assis sur son trône qui est recouvert d'une belle* étoffe *rouge et dorée. Il est pensif et a la tête baissée. Le prince et la princesse arrivent. La princesse pleure. Le roi lève la tête. Il a une longue et belle barbe rousse.*

LE ROI – Qu'est-ce qui se passe, ma fille ? Pourquoi…

*Tout à coup, dans la salle, les parents et les professeurs s'exclament et s'agitent. Mais, la voix du roi, c'est la voix d'Alexandre ! Ce n'est pas possible ! Alexandre sur scène ! Quelle merveilleuse surprise !*

*Alexandre entend les commentaires des parents. Il reste silencieux un petit moment puis il continue d'une voix ferme.*

…ces larmes ?

LE PRINCE – Voilà, Père. La déesse Pluie est en colère à cause de nous. Elle menace d'apporter une pluie forte et destructrice.

---

une étoffe : *tissu. Pour faire des rideaux, il achète une belle étoffe verte.*

une larme : *quand on pleure, des larmes sortent de nos yeux.*

LE ROI – Comment ? Mais c'est impossible !

LE PRINCE – Si, Père, c'est ainsi.

LE ROI – Pourquoi ?

LE PRINCE – Elle est très en colère car...

LA PRINCESSE – ...nous parlons du dieu Soleil qui est bon et nous oublions qu'elle aussi apporte du bonheur.

LE ROI – En effet, ma fille. Il ne faut pas oublier que, sans elle, tout peut être sec et mort. Je vais parler au dieu Soleil. Il peut nous aider.

### Acte 2, scène 2
LE ROI, LE DIEU SOLEIL

LE ROI – Oh, dieu Soleil, vous savez...

LE DIEU SOLEIL – Oui, Majesté.

LE ROI – Que faire ?

LE DIEU SOLEIL – C'est trop tard, Majesté. Il est impossible d'arrêter le processus. Demain, la déesse Pluie met sa menace à exécution. Il faut laisser faire les choses.

LE ROI – Mais les cultures... elles vont être inondées, détruites.

---

elle met sa menace à exécution : *elle réalise ce qu'elle a dit : apporter une pluie forte.*

– Il est impossible d'arrêter le processus.

LE DIEU SOLEIL – Il ne faut pas s'inquiéter. La déesse Pluie est, dans le fond, bonne et généreuse. Elle veut seulement donner une petite leçon au prince et à la princesse.

**Acte 2, scène 3**

LE NARRATEUR, LE ROI, LE PRINCE, LA PRINCESSE

LE NARRATEUR – Le soleil n'apparaît pas dans le ciel. Une forte pluie tombe et cela pendant deux semaines. La ville est envahie par l'eau qui coule dans les rues comme un torrent. Les champs sont inondés. Les plantes sont couchées dans l'eau. Où sont les belles cultures ? Quel désastre !

Le prince et la princesse sont tristes et ont des remords. Ils passent la journée dans la salle du trône avec le roi et supplient la déesse Pluie d'arrêter le déluge.

elle est envahie par l'eau : *il y a de l'eau de tout côté, dans les rues, sur les places...*
un champ : *terre où on cultive des légumes, des céréales...*
un déluge : *très forte pluie.*

Le roi est très inquiet. Que va-t-il se passer si la pluie continue ? Le peuple va mourir de faim s'il n'y a pas de récoltes.

Un matin, la pluie est enfin plus douce.

*Le prince et la princesse sont dans la salle du trône avec le roi. La princesse, triste, regarde le ciel par la fenêtre. Il pleut mais... tout à coup... le soleil commence à apparaître.*

LA PRINCESSE – Mon frère, Père, regardez !

LE PRINCE – Oh, c'est quoi ? Que c'est joli !

LE ROI – C'est un arc-en-ciel ! Il apparaît quand le soleil brille pendant la pluie.

LE NARRATEUR – La pluie s'arrête enfin. Les jours suivants, le soleil brille à nouveau. Les rues de la ville, les façades des maisons, lavées par la pluie, sont propres et brillent comme des diamants. Dans les champs, les plantes se dressent bien droites et vertes. La récolte sera bonne, très bonne !

*Le roi est dans la salle du trône avec ses enfants.*

LE ROI – Mes enfants, j'imagine que vous comprenez maintenant. La déesse Pluie vient de vous montrer

---

une **récolte** : *produits (légumes, fruits, céréales...) que la terre donne.*
**doux(ce)** : *ici, pas très fort(e).*
une **façade** : *partie d'une maison qui donne sur la rue. La façade de ma maison est blanche.*

– Mon frère, Père, regardez !

qu'elle et le dieu Soleil, ensemble, nous apportent le bonheur. C'est une bonne leçon, vous ne croyez pas ? Et moi, je comprends qu'il ne faut jamais, jamais, vous entendez bien, perdre espoir.

Le rideau se ferme.
Tout le monde applaudit très fort. Quelle belle histoire !
Monsieur le principal se lève.
– Merci à toute la classe pour le beau spectacle. Merci aux parents et aux amis de votre présence. Merci à Alexandre pour son courage. Bon voyage à toute la classe !
Tout le monde applaudit à nouveau. Le spectacle est une réussite.

ensemble : *l'un(e) avec l'autre.*
le spectacle est une réussite : *il est très bien et très apprécié.*

## Acte 2, scène 1

### 1. Entoure la bonne réponse.

a. Dans cette scène le prince – dieu Soleil – roi n'apparaît pas.

b. C'est Alexandre – Manu – monsieur Dellarte qui fait le rôle du roi.

c. Quand ils entendent le roi, les spectateurs ne parlent pas – s'exclament – applaudissent.

d. Le trône, c'est un fauteuil – le fauteuil roulant d'Alexandre.

### 2. Corrige les quatre erreurs de ce résumé.

Le roi demande à sa fille pourquoi elle rit. Il explique que, sans la pluie, tout peut être vert et mort. Il va parler à la déesse Pluie. Il pense que le dieu Soleil ne peut pas les aider.

## Acte 2, scène 2

### 3. Vrai ou faux ?

|  | V | F |
|---|---|---|
| a. Finalement, la déesse Pluie n'apporte pas de mauvaise pluie. |  |  |
| b. Le roi est inquiet pour les cultures. |  |  |
| c. En réalité, la déesse Pluie est mauvaise. |  |  |
| d. Elle veut faire réfléchir le prince et la princesse. |  |  |

# COMPRENDRE

## Acte 2, scène 3

**4. Complète ce résumé avec :**
envahie, désastre, deux, forte, inondés.

Une ...... pluie tombe pendant ...... semaines. La ville est ...... par l'eau. Les champs sont ...... C'est un vrai ......

**5. Qui parle ? Relie les phrases et les personnages.**

a. La récolte sera bonne.                         •        • le roi

b. Que c'est joli !                                       •

c. Les façades des maisons                    •        • le prince
   brillent comme des diamants.

d. Je comprends qu'il ne faut               •        • le narrateur
   jamais perdre espoir.

e. C'est un arc-en-ciel !                            •

**6. Donne ton avis.**

Les spectateurs aiment cette histoire. Et toi, tu penses comme le public ? Fais une phrase pour justifier ta réponse.

..................................................................................

..................................................................................

..................................................................................

Ses camarades lui apportent les devoirs.

# CHAPITRE (5) L'excursion

C'est bientôt le jour de l'excursion. Elle est en effet prévue pour le 15 décembre. Les élèves sont impatients.

Alex ne va pas à l'école. Il est chez lui maintenant mais il doit aller souvent à l'hôpital faire des contrôles médicaux.

Ses camarades viennent le voir régulièrement et lui apportent les devoirs.

Amélie lui téléphone souvent.

La première semaine de décembre, Alex doit aller chez le médecin. Il va avoir des résultats définitifs sur son état de santé. Les médecins peuvent maintenant dire s'il pourra marcher à nouveau.

Ce soir-là, il pleut. Amélie appelle Alexandre pour avoir des nouvelles.

– Bonsoir, Alex. Ça va ?

– Bonsoir, Amélie.

– Alors, quelles sont les nouvelles ?

– Amélie, pardonne-moi, mais je n'ai pas envie de parler.

---

je n'ai pas envie de : *je ne veux pas.*

Amélie insiste.

– Excuse-moi, Alex, mais qu'est-ce que le médecin dit ?

– Écoute, laisse-moi, s'il te plaît.

– Alex, nous sommes tous inquiets pour toi et nous voulons savoir si tout va bien.

– Le médecin dit qu'il faut être patient. La paralysie n'est pas définitive. Je vais pouvoir marcher mais la convalescence sera longue, très longue.

– Mais, Alex, c'est formidable !

– Tu crois ?

– Bien sûr. C'est une très bonne nouvelle, non ?

– Amélie, merci mais je préfère...

– Alex, le 15, nous allons au marché de Noël. Tu viens avec nous, non ?

– Non. Je reste chez moi.

– Mais pourquoi ?

– Parce que je ne veux pas aller là-bas en fauteuil roulant.

– Mais Alex, ce n'est pas un problème. Tu as joué dans la pièce, tu peux bien venir avec nous. Tu ne peux pas rester toujours enfermé chez toi. C'est bien de sortir avec les copains.

Mais, Alex, c'est formidable !

– N'insiste pas, Amélie. Aujourd'hui, je ne suis pas en forme.

– Bon, je te laisse... Alex, juste une chose, pense à la pièce.

– Je ne comprends pas.

– Pour toi, avant l'accident, c'est comme avec les beaux jours dans la pièce : tout va bien et on est heureux. L'accident, c'est le malheur apporté par la déesse Pluie. Mais pense à l'arc-en-ciel. L'arc-en-ciel, c'est l'espoir. L'espoir de marcher à

juste une chose : *une seule chose.*

nouveau. Maintenant, tu sais que c'est possible !
Alors, il faut être patient... tout ira bien, c'est sûr !
Alex ne dit rien, puis...

– Au revoir, Amélie.

– À bientôt, Alex.

### ÉPILOGUE

Toute la classe est au marché de Noël. Partout,
il y a des lumières, des sapins, des Pères Noël, de la
neige. C'est magique !

Alex est là, avec ses camarades. Tous, les uns après
les autres, poussent le fauteuil roulant. L'ambiance
est bonne. Tout le monde rit, s'amuse. Les élèves
achètent des cadeaux pour les parents, les frères,
les sœurs ou les amis. C'est une journée magnifique !

– Alex, comment tu te sens ? demande Estelle.

– Très bien. C'est génial ! C'est comme un conte
de fées.

– C'est vrai et moi... je suis la princesse...

Tout le monde rit.

Noël est déjà là.

---

partout : *dans tous les endroits.*
s'amuser : *se distraire, rire...*

oute la classe est au marché de Noël.

## 1. Entoure la bonne réponse.
a. L'excursion est le 25 décembre – 15 décembre.

b. Alex va à l'école – étudie chez lui.

c. Ses camarades vont souvent le voir – ne s'occupent pas de lui.

d. L'état de santé d'Alex peut s'améliorer – ne va pas changer.

## 2. Coche la bonne réponse.
a. La personne qui téléphone à Alex, c'est...

Estelle.

Amélie.

b. Cette personne veut...

donner les devoirs à Alex.

avoir des nouvelles de sa santé.

c. Les nouvelles sont...

bonnes.

mauvaises.

d. Alex...

veut faire l'excursion.

ne veut pas faire l'excursion.

e. Amélie...

n'est pas d'accord avec la décision d'Alex.

est d'accord avec la décision d'Alex.

## 3. Complète avec : malheur, espoir, beaux jours, heureux.

Avant l'accident, c'est comme avec les ...... dans la pièce.
On est ...... L'accident, c'est le ...... apporté par la déesse
Pluie. L'arc-en-ciel, c'est l'......

## 4. Vrai ou faux ?                                  V    F

a. Alex fait l'excursion.

b. Il est heureux.

c. Le professeur est le seul qui l'aide.

d. Tout le monde s'ennuie.

## 5. Coche les adjectifs qui décrivent l'ambiance de l'excursion.

a. bonne

b. horrible

c. magnifique

d. triste

e. magique

f. gaie

## DISCUTER

### 1. Imagine...

Trouve un autre titre pour cette histoire.

### 2. Réfléchis...

a. Alex va pouvoir marcher à nouveau ?

b. Après l'excursion, les élèves seront très amis ?

### 3. Donne ton opinion...

a. Une classe de 12 élèves, c'est bien ? ce n'est pas bien ? Justifie ta réponse.

b. Pour toi, cette histoire est pessimiste ou optimiste ?

c. Quand un camarade vit une situation difficile, il faut l'aider ? Est-ce que tu le fais ? Avec qui ?

### 4. Parle...

a. Tu fais des excursions avec ton collège ? Où ? Est-ce que tu aimes ça ?

b. Tu aimes le théâtre ? Dans ton collège, est-ce que vous montez des pièces de théâtre ?

Pages 3 et 4
1. Au début de l'année scolaire.
2. À l'est.
3. Strasbourg.
4. a. la scène b. le décor c. le rideau d. un acteur e. une actrice
5. a. Il ne fait pas beau. b. Il ne fait pas beau. c. Il fait beau. d. Il ne fait pas beau.
   e. Il fait beau.
6. a - c - d - e - g - i - j

Pages 12 et 13
1. a. vrai b. vrai c. faux d. faux e. faux
2. a. une bonne nouvelle b. faire une excursion c. Strasbourg d. le marché de Noël
3. bougie - sapin - Père Noël
4. a. monter un spectacle b. récital c. n'est pas d'accord d. pièce de théâtre
5. **Le lendemain**, les élèves parlent avec le professeur du sujet de la pièce.
   Ils vont écrire une histoire sur **les éléments de la nature**. Il y aura **un dieu**
   et **une déesse**.
6. d

Pages 20 et 21
1. a. vrai b. vrai c. faux d. faux e. faux
2. Le **principal** vient voir la répétition. Il dit qu'Alexandre est à **l'hôpital**.
   Les médecins sont **inquiets**. Alexandre **ne peut pas** marcher.
3. Oh, non ! Le pauvre ! - C'est horrible ! - C'est trop moche !
4. a. ne faut pas b. sont c. n'est pas d. vont
5. c
6. a. la maman d'Amélie b. la maman d'Estelle c. la maman de Manu d. monsieur
   Dellarte

CORRIGÉS

No d'éditeur : 10261241 - Dépôt légal : février 2020
Imprimé en France en février 2020 par Clerc à Saint-Amand-Montrond

## Pages 28 et 29

1. Il était une fois...
2. a. vrai b. faux c. vrai d. faux e. faux
3. a. la déesse Pluie b. en colère c. tristesse d. forte et destructrice e. roi
4. mauvaise - forte - destructrice - abondante
5. a. malheur b. bonheur c. bonheur d. malheur e. bonheur f. malheur g. malheur

## Pages 36 et 37

1. a. dieu Soleil b. Alexandre c. s'exclament d. le fauteuil roulant d'Alexandre
2. Le roi demande à sa fille pourquoi elle **pleure**. Il explique que, sans la pluie, tout peut être **sec** et mort. Il va parler au **dieu Soleil**. Il pense que le **dieu Soleil** peut les aider.
3. a. faux b. vrai c. faux d. vrai
4. forte - deux - envahie - inondés - désastre
5. a. le narrateur b. le prince c. le narrateur d. le roi e. le roi

## Pages 44 et 45

1. a. 15 décembre b. étudie chez lui c. vont souvent le voir d. peut s'améliorer
2. a. Amélie. b. avoir des nouvelles de sa santé c. bonnes d. ne veut pas faire l'excursion e. n'est pas d'accord avec la décision d'Alex
3. beaux jours - heureux - malheur - espoir
4. a. vrai b. vrai c. faux d. faux
5. a - c - e - f

## CORRIGÉS